Winke für die Handhabung der Gebührenordnung für Zeugen und Sachverständige

nebst Wortlaut der Gebührenordnung

vom 10. Juni 1914

Unter Benutzung des vom

Verband Deutscher Gutachterkammern e. V.

gesammelten Materials zusammengestellt

von

Kurt Perlewitz

Beratender Ingenieur V. B. I. und beeidigter Sachverständiger für Elektrotechnik für die Gerichte im Bezirk der Kgl. Landgerichte I, II, III und das Kammergericht zu Berlin

Springer-Verlag Berlin Heidelberg GmbH 1917

ISBN 978-3-662-31751-8 ISBN 978-3-662-32577-3 (eBook)
DOI 10.1007/978-3-662-32577-3

Vorwort.

Die vorliegende Schrift, welche als Ergänzung meiner unter dem Titel „Das Sachverständigenwesen" im gleichen Verlage erschienenen Sammlung der gesetzlichen Bestimmungen und Verordnungen über Anstellung und Beeidigung von Sachverständigen gelten kann, ist entstanden aus einem Vortrage, den ich im September 1916 vor der „Vereinigung beeidigter Sachverständiger der Provinz Brandenburg e. V." Berlin, gehalten habe. Sie erhebt nicht Anspruch darauf, als Kommentar in juristischem Sinne angesehen zu werden, sondern soll Sachverständigen lediglich als praktische Anleitung für die Anwendung der Gebührenordnung dienen. Neben dem vom „Verbande Deutscher Gutachterkammern e. V."[1]) gesammelten reichhaltigen Material, welches teilweise bereits in der Verbandszeitschrift veröffentlicht wurde, sind meine eigenen langjährigen Erfahrungen verwertet worden. Zweckmäßig erschien es mir, den bekannten Kommentar der Gebührenordnung von O. Wegner wiederholt heranzuziehen, um der Auslegung der Bestimmungen durch die Gerichte die Auffassung der Sachverständigen gegenüber zu stellen. Wenn es mir hierdurch gelingen sollte, dazu beizutragen, den Gebührenfestsetzungsstellen ein größeres Verständnis für die berechtigten Wünsche der Sachverständigen zu vermitteln, so wäre das ein Erfolg, der allen Sachverständigen zugute käme.

---

[1]) Die in mehreren Städten Deutschlands seit Jahren bestehenden Gutachterkammern sind eingetragene Vereine beeidigter Sachverständiger, welche ebenso wie der Verband Deutscher Gutachterkammern e. V., Berlin, Sachverständige aus allen Fachgebieten kostenlos nachweisen. Das Veröffentlichungsorgan der genannten Vereine sind die in diesem Buche mehrfach angeführten „Mitteilungen des Verbandes Deutscher Gutachterkammern".

Der Wortlaut der Gebührenordnung für Zeugen und Sachverständige, sowie die allgemeine Verfügung des preußischen Justizministers vom 24. Nov. 1915 sind am Ende des Buches abgedruckt, um ein schnelles Aufsuchen der einzelnen Bestimmungen zu erleichtern.

Ich übergebe das Büchlein der Öffentlichkeit mit dem Wunsche, daß meine Kollegen hieraus Nutzen ziehen mögen, und mit der Bitte, mich im allgemeinen Interesse auf etwaige Fehler und Unvollständigkeiten freundlichst hinweisen zu wollen. Für Überweisung weiteren Materials werde ich dankbar sein.

Berlin-Friedenau, im November 1916.
Canovastr. 4

Der Verfasser.

Abkürzungen.

A.G.O. = Ausschuß für Gebührenordnung.
GebO. = Gebührenordnung für Zeugen und Sachverständige.
GebO. d. Arch. u. Ing. = Gebührenordnung der Architekten und Ingenieure (Hamburger Norm).
OLG. Rechtspr. = Die Rechtsprechung der Oberlandesgerichte von Falkmann-Mugdan.
St.P.O. = Strafprozeßordnung.
Z.P.O. = Zivilprozeßordnung.
V.D.G. = Verband Deutscher Gutachterkammern (Geschäftsstelle: Berlin-Friedenau, Canovastr. 4).

Einleitung.

Die neue Gebührenordnung für Zeugen und Sachverständige vom 10. Juni 1914[1]) ist leider in den Kreisen der Sachverständigen noch nicht so bekannt geworden, daß von ihren Vergünstigungen gegenüber den früheren Bestimmungen allgemein Gebrauch gemacht wird, und doch liegt es im Interesse aller Sachverständigen, daß die Anwendung der GebO. einheitlich erfolgt. Nur dadurch kann es gelingen, die seitens der Gerichte nicht einheitlich geübte Handhabung allmählich zu vereinheitlichen und berechtigten Wünschen der Sachverständigen mehr anzupassen.

Bindende Anweisungen über die Bemessung der Sachverständigengebühren können, wie sich der preußische Justizminister in einem Bescheide vom 24. Nov. 1915 äußerte, seitens der Justizverwaltung nicht erlassen werden, weil die gerichtliche Festsetzung der Gebühren einen Teil der richterlichen Tätigkeit bildet, in welche im Aufsichtswege nicht eingegriffen werden darf. Soweit die Gebühren durch den Gerichtsschreiber festgestellt werden, sollen die von den Oberlandesgerichtspräsidenten aufzustellenden Tarife[2]) einen für die regelmäßigen Fälle dienenden Maßstab bilden.

Bekannt ist, daß der Verband Deutscher Gutachterkammern ebenso wie andere Vereine und Verbände bei der Beratung des Gesetzentwurfes über die GebO. im Reichstage durch Eingaben und Verhandlungen mit den Abgeordneten Einfluß auf die Gestaltung des neuen Gesetzes zu gewinnen suchte und auch gefunden hat. Gerade die ausführliche Eingabe

---

[1]) Wortlaut siehe Seite 25.

[2]) Vgl. Verfügung des preuß. Justizministers vom 14. Sept. 1914 (JustMinBl. 1914 S. 710). Der obige Erlaß und Musterbeispiele derartiger „Tarife" sind in meinem Buche „Das Sachverständigenwesen", Verlag von Julius Springer, Berlin 1915, S. 43, 44 ff. abgedruckt.

des V. D. G. hat vielen anderen Vereinen als Anhaltspunkt gedient, manche haben sie sogar kurzerhand zu der ihrigen gemacht.

Wenn auch nicht alle Forderungen der Sachverständigen durch das Gesetz erfüllt wurden, so können wir doch mit dem erzielten Erfolge zufrieden sein, nur müssen wir darüber wachen, daß die Vergünstigungen, welche die neue GebO. tatsächlich bietet, nicht etwa durch engherzige und falsche Auslegung seitens der Gerichtsbehörden illusorisch werden. Der V. D. G. hat diese Aufgabe stets vor Augen gehabt und hat auf diesem Gebiete durch Eingaben an den Justizminister und nachgeordnete Stellen gleichfalls Erfolge zu verzeichnen, über die in den „Mitteilungen des V. D. G." fortlaufend Bericht erstattet wurde.

Soll der V. D. G. auf diesem Gebiete weiter erfolgreich wirken, so kann er der Mitarbeit der einzelnen Sachverständigen nicht entraten: er muß erwarten, daß ihm diese ihre Erfahrungen hinsichtlich der Handhabung der GebO. zugänglich machen. Es ist für den Einzelnen eine geringe Mühe, dem V. D. G. seine Beschwerden und die Beschwerdebeschlüsse der Gerichte abschriftlich zu übermitteln; für die Verbandsleitung ist dies Material äußerst wertvoll, weil es Fingerzeige dafür gibt, wo Mängel abzustellen sind [1]).

Wenn nun auch der Einzelne mit seinen Beschwerden oftmals keinen Erfolg hat, so sollte er sich dadurch nicht abschrecken lassen, seine Forderungen in neuen Fällen stets wieder erneut anzubringen, schon deshalb, weil die verschiedenen Gerichte Deutschlands die GebO. ganz verschiedenartig anwenden. Erkennt aber der V. D. G. auf Grund zahlreicher gleichartiger Beschwerden der Sachverständigen, daß in der Behandlung einer bestimmten Gebührenfrage seitens der Gerichte eine prinzipielle Abweichung von seiner Auffassung besteht, so wird er nicht zögern, diesen Mißstand in Eingaben an die Justizministerien zu erörtern und um Wandelung zu ersuchen. Daß die Eingabe eines Vereines oder Verbandes mehr Aussicht auf Erfolg haben wird, als die einer Einzelperson, liegt auf der Hand.

Ehe ich auf die Einzelheiten der GebO. eingehe, möchte ich auf einen neuzeitlichen Kommentar hinweisen. Es ist dies der

---

[1]) Die Geschäftsstelle des V. D. G. (Berlin-Friedenau, Canovastraße 4) erteilt kostenlos Auskunft in allen Fragen der Gebührenordnung.

im Verlage von A. Nauck u. Co., Berlin, kürzlich erschienene Kommentar von O. Wegner, Geh. Oberrechnungsrevisor bei der Preuß. Oberrechnungskammer [1]). Der Verfasser dieses Kommentars, hält sich naturgemäß im allgemeinen an die Praxis der Gerichte und der preußischen Oberrechnungskammer, scheut sich aber auch nicht, hin und wieder seinen eigenen hiervon abweichenden Standpunkt bekanntzugeben. Der Wegnersche Kommentar ist daher sehr gut geeignet, dem Sachverständigen zur genaueren Orientierung zu dienen, ihn aber etwa als Richtschnur anzusehen, liegt keine Veranlassung vor, denn dazu ist die Handhabung der GebO. seitens der Gerichte eben eine viel zu verschiedenartige.

Wenn ich in der paragraphenmäßigen Reihenfolge vorgehe, so ist zunächst der § 3 zu beachten:

§ 3.

Der Sachverständige erhält für seine Leistungen eine Vergütung nach Maßgabe der **erforderlichen Zeitversäumnis** im Betrage bis zu 3 Mk. für jede angefangene Stunde. Der frühere Normalsatz ist also von 2 auf 3 Mk./Std. heraufgesetzt worden.

Der Begriff „**für jede angefangene Stunde**" ist nach **Wegner** nicht so zu verstehen, daß die Bruchteile **aller** Stunden voll gerechnet werden dürfen, es ist vielmehr die gesamte Arbeitszeit zusammenzurechnen und die Summe auf volle Stunden abzurunden. Nur dann, wenn die Unterbrechungen der Arbeit keine willkürlichen, sondern sachlich gebotene waren, sind Bruchteile von Stunden voll zu rechnen (Entscheidung des OLG. Frankfurt a. M. vom 22. Febr. 1907) [2]).

Zu beachten ist bei der Berechnung des Zeitaufwandes, daß nach § 5 als versäumt auch die Zeit gilt, während welcher der Sachverständige seine gewöhnliche Beschäftigung nicht wieder aufnehmen konnte. Gemeint ist hiermit, daß außer der eigentlichen Terminsdauer auch die Weg-, Reise- und Wartezeiten in Ansatz

[1]) Ausführliche Besprechungen finden sich u. a. in den „Mitteilungen des V. D. G." Nr. 18, S. 163, und in der „Elektrotechnischen Zeitschrift" 1916, S. 478.

[2]) „Das Recht" 1907, S. 838.

gebracht werden dürfen. Auch wenn der Sachverständige seine gewöhnliche Beschäftigung nur zu gewissen Zeiten beginnen oder abbrechen kann, so darf er die ihm bei der gerichtlichen Inanspruchnahme insgesamt verlorengehende Zeit anrechnen. War der Sachverständige außerhalb beschäftigt und kehrt ermüdet von einer Reise zurück, so kann ihm nicht zugemutet werden, sofort seine gewöhnliche Tätigkeit wieder aufzunehmen, er darf vielmehr den Rest des Tages als Zeitaufwand in Rechnung stellen.

Die frühere Beschränkung der anrechnungsfähigen Zeit auf zehn Stunden für den Tag ist in der neuen Gebührenordnung fortgefallen, weil sie sich als unhaltbar erwiesen hatte. Bei Reisen zu auswärtigen Terminen, die an einem Tage erledigt werden, ist der Zeitaufwand oft größer als zehn Stunden. Ohne triftige Gründe werden Sachverständige ihre Tätigkeit nicht über zehn Stunden an einem Tage ausdehnen, es kommt aber bei Dauerprüfungen in maschinellen Anlagen (z. B. Dampfkessel-, Maschinen- oder Akkumulatorenprüfungen) oft vor, daß diese selbst ohne Rücksicht auf Weg- oder Reisezeiten, mehr als zehn Stunden an einem Tage erfordern. In solchen Fällen ist der Sachverständige berechtigt, auch mehr als zehn Stunden für den Tag in Rechnung zu stellen.

Die Höhe der Vergütung ist nach den „Erwerbsverhältnissen des Sachverständigen" zu bemessen.

Der von Gerichtsbehörden noch vielfach geübte Brauch, als Erwerbsverhältnisse des Sachverständigen das versteuerte Einkommen anzusehen, wird erfreulicherweise auch von Wegner als nicht zu Recht bestehend bezeichnet. Maßgebend kann nur das Einkommen aus erwerbender Tätigkeit (also ausschließlich etwaiger Zinsen u. dgl.), und zwar nach Abzug der Unkosten für Bureauhaltung usw. sein. Auch der früher vom Reichsgericht mehrfach aufgestellte Grundsatz, die Stundengebühr aus dem Einkommen und einer zehnstündigen täglichen Arbeitszeit bei 300 Arbeitstagen im Jahr zu errechnen, wird von Wegner als abwegig bezeichnet.

In den „Mitteilungen" des V. D. G. ist über diese Frage mehrfach berichtet worden [1]), und die neuere, gerechtere Auffassung der Gerichte ist mit auf die Eingaben des V. D. G. zurückzuführen.

---

1) Vgl. „Mitteilungen des V. D. G." Nr. 11, S. 7, Nr. 12, S. 34, Nr. 15, S. 86.

Empfehlenswert erscheint es da, wo bei Gebührenrechnungen eine Erklärung über das Einkommen gefordert wird, sie in nachfolgender Form abzugeben:

„Hinsichtlich meiner Erwerbsverhältnisse (§ 3 der GebO. f. Z. u. S.) versichere ich, daß nach dem Durchschnitt der letzten drei Jahre meine tägliche Einnahme aus Berufstätigkeit . . . Mark beträgt."

Diese Tageseinnahme wird man natürlich aus seiner jährlichen Bruttoeinnahme und aus der Zahl der Tage, die man jährlich wirklich arbeitet, zu berechnen haben und damit einen richtigen Maßstab seiner Erwerbsverhältnisse geben.

Weiter enthält der § 3 die wichtige Bestimmung:

„Ist die Leistung besonders schwierig, so darf der Betrag bis zu sechs Mark für jede angefangene Stunde erhöht werden."

Diese neue Bestimmung ermöglicht es dem Sachverständigen, leichter eine über den Normalsatz von 3 Mk./Std. hinausgehende Vergütung zu erlangen, als es früher unter Hinweis auf den bekannten Runderlaß des Justizministers vom 11. Okt. 1907 [1]) möglich war.

Über den Begriff der „besonderen Schwierigkeit" einer Leistung sind nun leider die Gerichte häufig ganz anderer Meinung als die Sachverständigen. Nach geltendem Recht ist die objektive, nicht die subjektive Schwierigkeit gemeint, und es erscheint daher unverständlich, daß man immer noch Entscheidungen begegnet, in denen die Schwierigkeit einer Sachprüfung unter Hinweis auf die „besondere Fähigkeit des zugezogenen Sachverständigen" verneint wird. Wenn dieser Standpunkt richtig wäre, so gäbe es z. B. für die allerersten Autoritäten eines gewissen Spezialgebietes überhaupt keine Schwierigkeiten, und gerade der hervorragende Fachmann würde stets schlechter bezahlt werden als der Durchschnittsfachmann, ja sogar schlechter als der Stümper.

Bemerkenswert erscheint hierzu die seinerzeit in einer Reichstagseingabe seitens der „Vereinigung selbständiger in Preußen vereideter Landmesser" vorgeschlagene Erläuterung:

„Als schwierig gelten gutachtliche Arbeiten, bei denen mindestens eines der nachfolgenden Merkmale zutrifft:

---

[1]) Vgl. „Mitteilungen des V. D. G." Nr. 4, S. 7.

1. wenn zeitraubende Untersuchungen und Beobachtungen damit verbunden sind,

2. wenn die Ermittlung und Feststellung der für das sachverständige Urteil zu berücksichtigenden tatsächlichen Unterlagen vom Gutachter selbst beschafft werden muß,

3. wenn das abzugebende gutachtliche Urteil nicht mühelos aus dem bei jedem Sachverständigen als in steter Bereitschaft vorhanden anzunehmenden Erfahrungs- und Wissenschaftsvorrat entnommen werden kann,

4. wenn das gutachtliche Urteil erst eine längere Zeit erfordernde, umständlichere geistige Arbeit durch logische Schlüsse und Erfahrungen, Berechnungen und Schätzungen nötig macht,

5. wenn eine verläßliche, sachkundige Ermittlung des zu begutachtenden Tatbestandes und sodann eine komplizierte Geistesarbeit für die aus dem ermittelten Tatbestande zu ziehenden gutachtlichen Schlußforderungen beansprucht wird."

Sehr häufig wird seitens der Gerichte der vom Sachverständigen erhobene Einwand der Schwierigkeit der Leistung verneint, ohne daß dem Sachverständigen Gelegenheit gegeben wurde, dies ausführlich zu begründen, und ohne etwa einen anderen Sachverständigen über die Frage der Schwierigkeit gehört zu haben, obwohl doch der Richter als Laie nicht in der Lage ist, das Gutachten von diesem Gesichtspunkte aus richtig einschätzen zu können.

Auch der vom Sachverständigen in Rechnung gestellte tatsächliche Zeitaufwand wird seitens der Gerichte des öfteren beanstandet und auf eine nach Ansicht des Richters als angemessen angesehene Stundenzahl herabgesetzt, ohne vorher besondere Informationen eingezogen zu haben. Wie sich der Richter bei der Behandlung schwieriger technischer Streitfragen, wie z. B. bei Patentgutachten mit Literaturstudium oder wissenschaftlichen Untersuchungen, ein Urteil über den Zeitaufwand des Sachverständigen bilden will, ist dem Fachmann unverständlich. Eine Beurteilung des erforderlichen Zeitaufwandes ohne Hinzuziehung eines besonderen Sachverständigen führt aber zu einer unerträglichen Rechtsunsicherheit, ja zur Willkür. Derartige Entscheidungen berühren geradezu die Berufsehre des Sachverständigen, indem sie entweder seine Angaben in Zweifel ziehen, oder seine Befähigung verneinen. Um sich gegen die Folgen derartiger Entscheidungen zu schützen, kann den Sachverständigen nur dringend empfohlen werden, bei schwierigen oder zeitraubenden Gutachten dafür Sorge zu tragen, daß aus den Gutachten selbst in einer auch für Laien erkennbaren Weise ersichtlich ist, welche schwierigen oder zeitraubenden Ermittelungen zur Beantwortung der Beweisfragen erforderlich waren. Geht dies nicht ohne weiteres aus dem Inhalt oder Umfang des Gutachtens hervor, so genügen meist einige Worte, um es zum Ausdruck zu bringen, aber diese wenigen Worte sollten niemals vergessen werden. Einige Beispiele solcher Hinweise mögen dies erläutern:

„Umfangreiche und schwierige Berechnungen, von deren Wiedergabe hier abgesehen werden mußte, da sie dem Gebiete der höheren Mathematik angehören (oder deren Wiedergabe zu weit geführt hätte) haben gezeigt, daß...."

„Von den Einzeldarstellungen einer Reihe schwieriger und zeitraubender Versuche wird abgesehen, weil sie ein negatives Ergebnis hatten (weil sie zu dem erhofften Aufschluß über die strittige Frage nicht führten)."

„Trotz umfangreicher und zeitraubender Nachforschungen in der einschlägigen Literatur ist es nur gelungen, eine einzige Angabe darüber zu finden, das....."

Ohne diese, wenn auch nur kurzen Hinweise, kann nicht erwartet werden, daß ein Richter den ganzen Umfang der Tätigkeit des Sachverständigen erkennt und berücksichtigt, es wird aber durch derartige Hinweise eine gerechte und zutreffende Würdigung und Bewertung der Leistung des Sachverständigen seitens des Richters wenigstens ermöglicht werden.

Nach § 3 Abs. 3 sind dem Sachverständigen außerdem die auf die Vorbereitung des Gutachtens verwendeten Kosten, sowie die für eine Untersuchung verbrauchten Stoffe und Werkzeuge zu vergüten.

Es handelt sich hier zunächst um bare Auslagen, wie Porto und Fahrgelder, dann auch um Auslagen für Herstellung von Abschriften oder Zeichnungskopien. Ferner gehört hierher die Bezahlung von Hilfskräften nach den üblichen Sätzen (JustMinErlaß vom 24. Nov. 1915 [1])). Danach sollen die Gerichte, wenn die Angaben des Sachverständigen über die Höhe derartiger Beträge glaubhaft erscheinen, von der Beibringung

[1]) Wortlaut siehe Seite 29.

einer Bescheinigung über die Auszahlung an die Hilfskräfte absehen. Weitere Auslagen werden unter § 8 behandelt werden.

Was die Schreibgebühren (Kopialien) anbelangt, so kommt es bisweilen vor, daß Gerichtsschreiber deren Anerkennung verweigern; der Hinweis auf § 113 Abs. 1 des Preußischen Gerichtskostengesetzes vom 25. Juli/1. Okt. 1910 verspricht in solchen Fällen Erfolg. Dieser Pragraph lautet:

„Die Schreibgebühr beträgt für die Seite, welche mindestens 20 Zeilen von durchschnittlich 12 Silben enthält, 20 Pfg.", auch wenn die Herstellung auf mechanischem Wege stattgefunden hat. Jede angefangene Seite wird als voll berechnet. Für Schriftstücke, die in fremder Sprache abgefaßt sind, für Schriftstücke in tabellarischer Form, sowie für Verzeichnisse, Listen, Rechnungen, Handzeichnungen u. dgl. kann die Höhe der Schreibgebühr durch den Justizminister anderweit bestimmt werden."

Da, wo der Sachverständige einen höheren Satz als 20 Pf. für die Seite zahlen mußte, möge er darauf hinweisen, daß ihm ein eigenes Schreibbureau nach Art der Gerichtsschreibereien nicht zur Verfügung stehe, und daß er daher gezwungen sei, die von zuverlässigen Schreibbureaus allgemein geforderten Beträge für Abschriften zu bezahlen.

Bisweilen hat man Schwierigkeiten, die Schreibgebühr der für die eigenen Akten zurückbehaltenen Abschrift seines Gutachtens bezahlt zu erhalten, obgleich es doch selbstverständlich erscheint, daß der Sachverständige für die Beantwortung eventueller Rückfragen, zur Information bei späteren Terminen und für den Fall des Verlorengehens der dem Gericht eingesandten Urschrift eine wortgetreue, übersichtliche Kopie seines Gutachtens in Händen behält. Nachstehend sei eine Kammergerichtsentscheidung vom 29. März 1916 (10. Ziv. Senat. 10 U Nr. 8302/1914) mitgeteilt, welche wertvolle Anhaltspunkte für die Zurückweisung derartiger Beanstandungen bietet:

Der Sachverständige hatte sein Gutachten in 3 Ausfertigungen eingereicht, eine vierte Ausfertigung für seine Akten zurückbehalten und die Schreibgebühren für alle vier Ausfertigungen in Rechnung gestellt; der Gerichtsschreiber hatte den Betrag für die vierte Ausfertigung abgesetzt. Der Gerichtsbeschluß lautet:

„.... Es werden ferner auch die Schreibgebühren mit 15,20 Mk. festgesetzt. Drei Ausfertigungen des Gutachtens mit je 19 Seiten sind zu den Akten gelangt. Die vierte Ausfertigung hat der Sachverständige offenbar zurückbehalten. Diese ist als die Urschrift des Gutachtens anzusehen, die der Sachverständige in die Schreibmaschine diktiert hat. Er hat ein Recht darauf, sich bei der Anfertigung seines Gutachtens einer Schreibhilfe zu bedienen und Erstattung der daraus entstehenden Unkosten zu verlangen (Wegner, GebO. 4. Aufl., 1911, § 3, Anm. 13). Er ist also nicht verpflichtet, die Urschrift, die er schon im Interesse der Beschleunigung der Sache bei etwaigen Rückfragen und zur Vorbereitung zum Verhandlungstermin zurückbehalten muß, auf seine Kosten anfertigen zu lassen."

Ganz allgemein empfiehlt es sich, der Gebührenrechnung entweder eine Originalrechnung des Schreibbureaus beizufügen, in der ein Gesamtpreis für die „Abschrift einschließlich Papier, Falzen und Heften" angegeben ist, oder aber in der eigenen Gebührenrechnung beispielsweise anzugeben: „Abschrift des Gutachtens, 4 × 20 Seiten = 16 Mk.".

Was „verbrauchte Stoffe und Werkzeuge" betrifft, so ist Wegner der Meinung, daß z. B. ein Chemiker für die Hergabe seines Laboratoriums und ein Feldmesser für die Bereithaltung seiner Meßgeräte keine Vergütung beanspruchen könne, weil diese Geräte an sich für die Berufsarbeiten des Sachverständigen notwendig seien. Wenn das OLG. Colmar in einer Entscheidung vom 28. Mai 1883[1]) unter dem Begriff „Verbrauch" auch eine Abnutzung oder Verschlechterung verstanden wissen und den Sachverständigen hierfür nach den Umständen des Einzelfalles entschädigen will, so ist Wegner doch der Ansicht, daß dies nur mit der obigen Einschränkung zulässig sei.

Sachverständigen, welche mit teuren Instrumenten arbeiten, die im Interesse unbedingter Zuverlässigkeit öfter neu geeicht werden müssen, kann man nicht zumuten, daß sie die hierdurch entstehenden Unkosten selbst tragen, es hat sich daher z. B. in den Kreisen der Beratenden Ingenieure für Elektrotechnik seit mehreren Jahren der Gebrauch herausgebildet, für Benutzung von Meßgeräten jeweils 5% ihres Anschaffungswertes für Abnutzung, Nacheichung usw. in Rechnung zu stellen (vgl. § 14 der GebOrdng. des Vereins Beratender Ingenieure). Die Erfahrung lehrt, daß dieser Satz seitens der Gerichte fast immer anerkannt wird.

§ 4.

Dieser Paragraph bietet dem Sachverständigen die weitgehendsten Möglichkeiten, eine angemessene Bezahlung seiner Leistungen durchzusetzen. Der erste Absatz lautet:

---

[1]) Juristische Ztschr. für das Reichsland Els.-Lothr., Bd. 8, S. 384.

„Besteht für die aufgetragene Leistung ein üblicher Preis, so ist dem Sachverständigen auf Verlangen dieser und für die außerdem stattfindende Teilnahme an Terminen die im § 3, Abs. 1, Satz 1, und Abs. 2 geregelte Vergütung zu gewähren."

In der Begründung des Gesetzentwurfes [1]), auf dem die heutige gültige GebO. beruht, war ausgeführt worden:

„Daher darf der Sachverständige grundsätzlich auf eine gleiche Vergütung Anspruch erheben, wie wenn die Leistung außerhalb eines gerichtlichen Verfahrens einem Privaten gemacht würde."

Das war vielversprechend gewesen, und, als auf Betreiben der Gutachterkammern später noch die bereits erwähnte Verfügung des Justizministers vom 24. Nov. 1915 [2]) herauskam, die den „üblichen Preis" als diejenige Vergütung bezeichnete, welche der Sachverständige für seine Leistung außerhalb eines gerichtlichen Verfahrens im freien Verkehr beanspruchen könnte, da mußte man annehmen, daß nunmehr Zweifel über die Höhe der Gebühren nicht mehr bestehen würden, wenigstens nicht bei solchen Sachverständigen, deren Berufsvertretungen seit langen Jahren bestehende und im privaten Verkehr allgemein gehandhabte Gebührensätze, aufgestellt haben.

Diese Hoffnung erwies sich indessen als trügerisch; in der Begründung zu dem Gesetzentwurf war nämlich auch noch gesagt worden:

„Darüber, ob ein üblicher Preis besteht, hat gegebenenfalls das Gericht zu entscheiden, dem die Festsetzung der Gebühren obliegt, und zwar nach freiem Ermessen. Es ist also bei der Entscheidung nicht an etwaige Sätze und Normen gebunden, die einzelne Vereine, Sachverständigenverbände oder sonstige Interessentenkreise für ihre Mitglieder aufstellen."

Das, was mit der einen Hand gegeben wurde, wurde mit der anderen wieder genommen.

Wegner führt in seinem Kommentar eine Liste bestehender, privater Gebührenordnungen [3]) an, welche der V. D. G.

[1]) Vgl. „Mitteilungen des V. D. G." Nr. 6, S. 8 ff.

[2]) Wortlaut siehe Seite 29.

[3]) 1. GebOrdng. der Architekten und Ingenieure, aufgestellt vom Verband Deutscher Architekten- und Ingenieurvereine, dem Verband Deutscher Zentralheizungsindustrieller, dem Verband Deutscher Elektrotechniker, dem Deutschen Verein von Gas- und Wasserfachmännern, dem Verein Deutscher Ingenieure und dem Verein Deutscher Maschineningenieure (gültig seit 1878, z. Zt. in Neubearbeitung);

seinerzeit dem Reichstage unterbreitet hatte. Es sind dies allerdings meist nur Gebührenordnungen technischer Sachverständiger, und die bekannteste und umstrittenste unter ihnen ist die „Gebührenordnung der Architekten und Ingenieure", die sogenannte Hamburger Norm, die sowohl pauschale Honorarsätze als auch Stundensätze enthält; sie bestimmt in § 4 folgendes:

„24. Gutachten, Schätzungen, schiedsgerichtliche Arbeiten, statische Berechnungen, künstlerische Darstellungen u. dgl. stehen außerhalb dieser Gebührenordnung und sind nach der darauf verwendeten geistigen Arbeit, nach der fachlichen Stellung des Beauftragten und nach der wirtschaftlichen Bedeutung der Frage zu bewerten.

25. Für nach der Zeit zu vergütende Arbeiten sind zu berechnen[1]):
für die erste Stunde . . . . 20 Mk.
für jede fernere Stunde . . 5 „

26. Für Reisen im Inlande sind außer den im § 4, 24 und 25, oder § 6 und §§ 8 bis 10 aufgeführten Gebühren 30 Mk. für den Tag zu vergüten. Dieser Satz kommt auch für Teile eines Tages voll in Ansatz; jedoch kann er für einen Tag nur einmal angesetzt und soll nach Verhältnis verteilt werden, wenn gleichzeitig mehrere Auftraggeber beteiligt sind. Neben diesem Tagessatze sind die Auslagen für Fahrten, Gepäckbeförderung und Arbeiter zu erstatten.

27. Die Leistungen von Gehilfen werden deren Stellung entsprechend in Rechnung gestellt."

Bemerkenswert sind **Wegners** Ausführungen in bezug auf diese Gebührenordnung. Er sagt:

---

2. GebOrdng. des **Vereins Beratender Ingenieure für Elektrotechnik** (gültig seit 1908);
3. GebOrdng. des **Verbandes Deutscher Patentanwälte** (gültig seit 1907);
4. Geb.Ordng. der **Dampfkessel-Revisionsvereine**;
5. Geb.Ordng. der **Gartenarchitekten**, aufgestellt von der Vereinigung für Gartenkunst, e. V. (gültig seit 1908);
6. Honorarnormen der **Vereinigung der Ratsmaurer und Ratszimmermeister** von Berlin vom Jahre 1896;
7. GebOrdng. des Innungsverbandes Deutscher Baugewerksmeister;
8. GebOrdng. der Vereinigung selbständiger in Preußen vereidigter Landmesser (gültig seit 1908);
9. GebOrdng. des Verbandes Deutscher Kunstgewerbevereine (gültig seit 1909);
10. GebOrdng. des Deutschen Betonvereins (gültig seit 1909);
11. GebOrdng. des **Verbandes Deutscher Bücherrevisoren** (gültig seit 1907, im Jahre 1916 in geänderter Fassung aufgestellt).

[1]) Die Neubearbeitung der GebO. der Arch. u. Ing. sieht Stundensätze von 20 Mk. bzw. 6 Mk. vor und bezeichnet diese ausdrücklich als **Mindestsätze**.

„Von den oben bezeichneten Gebührenordnungen ist die GebO. d. Arch. u. Ing. (§ 4, Abs. 24—27) in der Rechtsprechung wohl allgemein als eine die üblichen Preise für sachverständige Gutachten von Architekten und Ingenieuren enthaltene Norm anerkannt", und führt eine Reihe entsprechender OLG.-Entscheidungen hierzu an, nämlich OLG. Karlsruhe v. 21. Sept. 1901, OLG. Rechtspr. Bd. 5, S. 222, RG. v. 8. Nov. 1901, Bur.Bl. f. gerichtl. Beamte 1904, S. 54, OLG. Hamburg v. 25. Sept. 1901, Bur.Bl. f. gerichtl. Beamte 1904, S. 54, OLG. Hamburg v. 27. April 1903, OLG. Rechtspr. Bd. 7, S. 232, OLG. Hamburg v. 24. Okt. 1905, OLG. Rechtspr. Bd. 11, S. 345 und OLG. Kiel vom 30. Mai 1906 (Aktenz. M. III 37/06). In der erwähnten Entscheidung des OLG. Kiel wurde ausdrücklich festgestellt, daß die in Rede stehende GebO. Normalsätze (nicht Höchstsätze), also übliche Sätze im Sinne des § 4 der GebO., enthalte.

Erwähnt sei ferner, daß auch der preußische Minister der öffentlichen Arbeiten in einem an den V. D. G. in anderer Angelegenheit gerichteten Bescheide auf die GebO. der Arch. u. Ing. als anerkannte Norm hingewiesen hat. Auch der Berliner Polizeipräsident, der seitens eines Gerichtes zur Äußerung über die Üblichkeit der Sätze dieser GebO. aufgefordert worden war, hat, wie bekannt geworden ist, ihre Üblichkeit bestätigt.

Wenn es daher noch immer vorkommt, daß Gerichte die Sätze der GebO. der Arch. u. Ing. nicht als üblichen Preis für Architekten- und Ingenieurgutachten anerkennen, so muß die Versagung der Anerkennung als unrichtig und ungerecht empfunden werden. Wenn die durch den „Ausschuß für Gebührenordnung"[1])

[1]) Vgl. „Mitteilungen des V. D. G." Nr. 9, S. 17. Dem „A. G. O." gehören z. Zt. folgende Vereine an: Verband deutscher Architekten- u. Ingenieur-Vereine, Verband deutscher Zentralheizungs-Industrieller, Verband deutscher Elektrotechniker, Deutscher Verein von Gas- und Wasserfachmännern, Verein deutscher Ingenieure, Verein deutscher Maschineningenieure, Bund deutscher Architekten, Bund deutscher Zivilingenieure, Verein beratender Ingenieure, Verband deutscher Diplom-Ingenieure, Deutsche freie Architektenschaft, Ausschuß zur Wahrung gemeinsamer Interessen des Chemikerstandes, Verband selbständiger öffentlicher Chemiker Deutschlands, Deutsche Gesellschaft für Gartenkunst, Verband der Gartenarchitekten, Vereinigung selbständiger in Preußen vereideter Landmesser, Deutscher Markscheider-Verein, Verein deutscher Brücken- und Eisenbau-Fabriken. Verband Deutscher Gutachterkammern.

(AGO.) umfaßten Vereine, also etwa 60000 Angehörige mehrerer Berufsklassen, seit 28 Jahren regelmäßig eine bestimmte, durch die „Hamburger Norm" festgelegte Vergütung für ihre Tätigkeit beanspruchen und auch allgemein erhalten, so unterliegt die Frage, ob der durch diese Norm festgelegte Preis üblich ist, nicht mehr dem subjektiven Ermessen; denn der Preis ist tatsächlich üblich und als solcher anzuerkennen.

Es sei noch darauf hingewiesen, daß die oben erwähnten Vereine durch Aufstellung ihrer Gebührenordnung eine Norm geschaffen haben, die nicht nur für diejenigen Ingenieure gilt, welche sich mit der Erstattung von Gutachten und mit der Ausführung von Ingenieurarbeiten für Rechnung Dritter berufsmäßig befassen (Beratende Ingenieure, Zivilingenieure, Feldmesser usw.), sondern auch für die großen Industriefirmen, welche Sachverständige gegen Bezahlung in Anspruch nehmen. Diese Industriefirmen und ihre Ingenieure bilden aber das Hauptkontingent der Mitglieder dieser Vereine, während die Beratenden Ingenieure, Zivilingenieure usw. nur einen ganz verschwindend kleinen Teil ausmachen.

Es soll nicht verschwiegen werden, daß die wiederholte Verneinung der Üblichkeit der durch die GebO. der Arch. u. Ing. festgestellten Preise zum Teil auch darauf zurückzuführen ist, daß viele der jenen Berufszweigen angehörenden Sachverständigen (Architekten, Ingenieure usw.) bei gerichtlichen Gutachten in Unkenntnis der GebO. f. Z. u. S. von dem ihnen gemäß § 4 dieser Gebührenordnung zustehenden Rechte keinen Gebrauch machen und nach § 3 Abs. 1 nur 3 Mk., oft sogar nur 2 Mk., als Vergütung für die aufgewendete Stunde beanspruchen. Naheliegend ist, daß durch solche zu niedrigen Gebührensätze bei den über die zu gewährende Vergütung entscheidenden Stellen der Eindruck erweckt werden muß, daß auch für diese Berufsklassen der Satz von 2 bis 3 Mk./Std. der übliche, der Satz von 5 Mk./Std. dagegen ein das übliche Maß überschreitender Ausnahmesatz sei.

Die Anerkennung der „Hamburger Norm" als üblicher Preis kann praktisch nur dadurch erreicht werden, daß jeder Architekt, Ingenieur usw. bei gerichtlichen Gutachten regelmäßig unter Bezugnahme auf § 4, Abs. 1 der GebO. f. Z. u. S. eine Vergütung nach der GebO. d. Arch. u. Ing. verlangt, falls er nicht auf Grund des § 3 Abs. 2 (schwierige Leistung) oder des § 4a (Vereinbarung mit den Parteien) höhere Sätze zu beanspruchen berechtigt ist. Das fordert auch schon die Standesehre. Solange dies aber nicht geschieht, solange immer noch Architekten, Ingenieure und ebenbürtige Fachleute sich mit einem Stundensatz von 3 Mk. oder gar 2 Mk. begnügen, werden die Richter nicht allgemein zu der Überzeugung gebracht werden können, daß ein Stundensatz von 5 Mk. und darüber üblich ist.

Hier macht sich der fehlende Zusammenschluß aller gerichtlichen Sachverständigen zur Wahrung ihrer Standesinteressen schwer fühlbar. Die Wenigen, die einen Zusammenschluß bisher als wichtig erkannt haben, vermögen trotz gemeinsamen und einheitlichen Vorgehens nichts gegen die Mehrzahl derjenigen auszurichten, die ihre eigenen Wege gehen, dadurch bei den Gerichten irrige Anschauungen erwecken und fördern und sich ebenso schaden wie der Allgemeinheit.

Die Form, in der eine Vergütung nach § 4 Abs. 1 verlangt wird, hat alle Umstände zu erwähnen, die bei der Anweisung der Gebühren zu berücksichtigen sind. Der V. D. G. hat es für zweckmäßig gehalten, gummierte Zettel aus rotem Papier zum Aufkleben auf die Gebührenrechnungen drucken zu lassen, und zwar mit folgendem Inhalt:

> „Wegen der besonderen Schwierigkeit der Leistung wird eine Vergütung von 6 Mk. für jede angefangene Stunde beantragt gemäß § 3, Abs. 2 der GebO. f. Z. u. S.
>
> E... wird beantragt, für die aufgetragene Leistung den üblichen Preis zu gewähren (§ 4, Abs. 1 d. GebO. f. Z. u. S. und Verf. d. preuß. Justizministers v. 24. Nov. 1915, Ziff. 2, JustMinBl. S. 275). Ein solcher besteht für Architekten und Ingenieure. Die für diese geltende Gebührenordnung (Hamburger Norm), deren Sätze von der Kgl. Oberrechnungskammer, dem preuß. Ministerium der öffentlichen Arbeiten, allen technischen Behörden und Verbänden sowie auch von zahlreichen Gerichten als üblich anerkannt sind (vgl. Wegner, Dtsch. GebO. f. Z. u. S. 1916, S. 56), bilden das Mindestmaß dessen, was ein Architekt oder Ingenieur im freien Verkehr beanspruchen kann und zur Wahrung seiner Standesehre beanspruchen muß. Nach dieser Gebührenordnung (Ziffer 25) ist die erste Stunde mit 20 Mk. und jede folgende mit 5 Mk. zu vergüten. Die Aufwandentschädigung für Reisen ergibt sich aus Ziffer 26.

Es wird Vergütung nach § 4, Abs. 1 der GebO. f. Z. u. S. beantragt. Der „übliche Preis", den ich im freien Verkehr für dieses Gutachten hätte beanspruchen können (Ziff. 2 der Verf. des preuß. JustMin. v. 24. Nov. 1915, JustMinBl. S. 275) ist durch die von der Oberrechnungskammer anerkannte GebO. f. Arch. u. Ing. gegeben (vgl. Wegner, Dtsch. GebO. f. Z. u. S. 1916, S. 56). Nach dieser habe ich 20 Mk. für die erste Stunde und 5 Mk. für jede weitere Stunde zu fordern."

Von obigem Vordruck ist entweder einer der drei Absätze allein oder der erste Absatz zusammen mit dem zweiten zu verwenden; das nicht gewünschte ist abzuschneiden. Wenn der erste Absatz gestrichen oder abgeschnitten wird, ist am Anfang des zweiten ein „s", andernfalls ein „v" einzufügen.

Es sei Architekten, Ingenieuren usw. empfohlen, sich bei ihren Gebührenrechnungen für Gerichte allgemein dieses Wortlautes zu bedienen[1]).

Wer den vom „A. G. O." vorgeschlagenen Kriegszuschlag (20%) auf die Sätze der GebO. d. Arch. u. Ing. in Anwendung bringen will, sei auf eine Erklärung des A. G. O. vom 21. Juni 1915[2]) verwiesen, welcher bei der Geschäftsstelle des Vereins Deutscher Ingenieure, Berlin NW 7, als Drucksache erhältlich ist und, den Gebührenrechnungen beigefügt, zum Nachweis der Angemessenheit dieses Zuschlages dienen kann. Viel Aussicht auf Anerkennung des Zuschlages seitens der Gerichte besteht indessen z. Zt. nicht, wenigstens da nicht, wo der „übliche Preis" beansprucht wird.

Ist seitens eines Gerichtes die Bezahlung nach dem üblichen Preise (§ 4, Abs. 1) oder aber das Vorliegen schwieriger Sachprüfung (§ 3, Abs. 1) anerkannt worden, so treten oft noch Meinungsverschiedenheiten darüber auf, ob der gesamte Zeitaufwand nach den erhöhten Sätzen zu bezahlen ist, oder ob nur der Zeitanteil, der auf die schwierige Sachprüfung selbst entfiel, erhöht bewertet werden soll. Wegner ist der Ansicht, daß das

---

[1]) Diese Zettel werden von der Geschäftsstelle des V. D. G. (Berlin-Friedenau, Canovastr. 4) auf Wunsch gegen vorherige Einsendung von 1,50 Mk. für 100 Stück (20 Pf. für 10 Stück), abgegeben und portofrei übersandt.

[2]) Der volle Wortlaut ist abgedruckt in den „Mitteilungen des V. D. G." Nr. 14, S. 79.

letztere zutreffe, und will die erhöhten Sätze nicht auch auf Wegzeiten, Reisezeiten, Zeitaufwand für Briefwechsel usw. zubilligen. Ebenso billigt er die erhöhten Sätze nur für schriftliche Gutachten und die damit in Zusammenhang stehenden Arbeiten, nicht aber für Beeidigungs- und Instruktionstermine sowie Nebenarbeiten zu, weil manche Gerichte diesen Standpunkt eingenommen haben. Dieser Auffassung steht indessen die Entscheidung der OLG. Hamburg v. 17. Jan. 1914 (Aktenz. Bs. Z. II. 8/14)[1]) entgegen, gemäß welcher der Sachverständige bei Bewilligung des üblichen Preises Anspruch hat auf Vergütung des gesamten Zeitaufwandes nach den erhöhten Sätzen einschließlich der Aufwandentschädigung.

Diese Entscheidung, welche sich Sachverständige sehr genau merken sollten, lautet:

„Wenn einem Sachverständigen für eine ihm aufgetragene Besichtigung und Begutachtung eine Vergütung nach dem üblichen Preise zu gewähren und dieser Preis unter Zugrundelegung einer für das bestimmte Gewerbe allgemein anerkannten Gebührenordnung oder Taxe zu bemessen ist, die ihrerseits die Vergütung nach der Zeitdauer berechnet, so muß die gesamte, auf die dem Sachverständigen übertragene Tätigkeit verwandte Zeit einheitlich zusammengerechnet werden, sofern die anzuwendende Gebührenordnung oder Taxe selbst keine Unterscheidungen macht. Es handelt sich hier um eine Pauschalberechnung, deren Durchschnittswerte zugrunde gelegt sind. Deshalb ist es nicht angängig, bei einer derartigen Pauschalberechnung eine Unterscheidung zu machen zwischen einzelnen Stunden, in denen die Arbeit des Sachverständigen eine schwierige war, und solchen, in denen sie eine nicht schwierige war. Hiernach ist auch die vom Sachverständigen auf die erforderliche Korrespondenz verwendete Stunde in den nach der GebO. d. Arch. u. Ing. zu vergütenden Zeitaufwand einzurechnen.

Aus denselben Erwägungen kann auch für die außerhalb des Wohnsitzes des Sachverständigen aufgewendete Tätigkeit die Vergütung nicht in der Weise festgesetzt werden, daß die nach der verwendeten Zeit zu berechnende Gebühr nach der GebO. d. Arch. u. Ing., die Aufwandentschädigung aber nach der GebO. f. Z. u. S. bemessen wird. Auch hier ist die Vergütung, wenn es sich um schwierige Untersuchungen und Sachprüfungen handelt[2]), einheitlich nach der GebO. d. Arch. u. Ing. festzusetzen, die unter Ziff. 26 ausdrücklich bestimmt, daß außer der nach Ziff. 25 für die Tätigkeit stundenweise berechneten Gebühr und den Fahrkosten eine Vergütung von 30 Mk. für den Tag zu gewähren ist."

[1]) Auszugsweise abgedruckt in der „Zeitschr. für deutsche Just.-Sekretäre" vom 1. April 1914, S. 78.

[2]) Auf die neue GebO. bezogen, heißt das: „wenn es sich um den üblichen Preis handelte".

Was die Teilnahme an Gerichtsterminen anbetrifft, so bestimmt § 4, Abs. 2:

„Beschränkt sich die Tätigkeit des Sachverständigen auf die Teilnahme an Terminen, so erhält er lediglich die in § 3 bestimmte Vergütung.“

Der Wortlaut dieser Bestimmung schließt es nicht aus, den Zeitaufwand für Teilnahme an Terminen zu den erhöhten Sätzen zu vergüten, und zwar beim Vorliegen schwieriger Sachprüfung nach § 3 Abs. 2, dann aber auch auf Grund des später zu behandelnden § 4a (Vereinbarung der Gebühren mit den Parteien).

Jedenfalls können die vom Sachverständigen anberaumten Ortstermine, Besichtigungen usw. nicht als „Termine“ im Sinne des § 4 Abs. 1, gelten. Hierunter sind nur gerichtliche Vereidigungs- und einfache Informationstermine zu verstehen. Für die Wahrnehmung von Gerichtsterminen, in denen z. B. längere technische Erörterungen über den Streitgegenstand zwischen dem Sachverständigen und den Parteien oder den etwa von ihnen mitgebrachten privaten Sachverständigen, Patentanwälten usw. stattfinden, wird dem Sachverständigen auf Antrag meist der übliche Preis, oftmals sogar eine höhere pauschale Gebühr zugebilligt.

§ 4a.

Dieser der Gebührenordnung neu eingefügte Paragraph bestimmt:

„Haben in bürgerlichen Rechtstreitigkeiten die Parteien sich dem Gericht gegenüber mit einer bestimmten Vergütung für die Leistung des Sachverständigen einverstanden erklärt, so ist diese Vergütung zu gewähren, sofern ein zu ihrer Deckung ausreichender Betrag an die Staatskasse gezahlt ist.“

Er stellt eine Neuerung dar, die von größter Tragweite ist, und die angemessenste Bezahlung für gerichtliche Gutachten vermittelt. Will der Sachverständige von dieser Bestimmung Gebrauch machen, was für alle Fälle empfehlenswert ist, so muß er die Vereinbarung mit den Parteien vor Erstattung seines Gutachtens herbeizuführen suchen, weil es ja auf das Einverständnis beider Parteien ankommt, und weil erfahrungsgemäß die nach dem Gutachten unterliegende Partei kein Interesse mehr daran hat, dem Sachverständigen höhere Gebühren zuzubilligen als nach den normalen Sätzen.

Nachstehend sei eine zweckmäßige Antragsformel gegeben, welche wiederholt mit Erfolg benutzt wurde:

„In Sachen Müller gegen Schulze bitte ich bei der besonderen Schwierigkeit der geforderten Leistung und bei der Unmöglichkeit, die auf die geistige Arbeit verwendete Zeit nach Stunden festzulegen, in Gemäßheit des § 4a der GebO. f. Z. u. S. vom 10. Juni 1914 das Einverständnis der Parteien mit einer Pauschalvergütung von ... Mk. herbeizuführen und einen zur Deckung ausreichenden Betrag für die Staatskasse einzufordern.

Der beanspruchten Vergütung ist der für die aufgetragene Leistung übliche Preis zugrunde gelegt (§ 4 der GebO. f. Z. u. S.), der nach der GebO. d. Arch. u. Ing. für die erste Stunde 20 Mk. und für jede folgende Stunde 5 Mk. beträgt.

Für den Fall, daß ein Einverständnis der Parteien nicht zustande kommen sollte, bitte ich um Bewilligung von 6 Mk. für jede angefangene Stunde gemäß § 3 Abs. 2 der GebO. f. Z. u. S.

Zwecks Verhandlung mit den Parteien folgen die Akten anbei zurück."

§ 5.

Der Paragraph lautet:

„Als versäumt gilt für den Zeugen oder Sachverständigen auch die Zeit, während welcher er seine gewöhnliche Beschäftigung nicht wieder aufnehmen kann."

Der Sinn dieser Bestimmung ist bereits auf S. 3 erläutert worden.

§§ 6—11.

Bei Reisen sind die durch Benutzung von Fahrgelegenheiten (Eisenbahn, Fuhrwerk) entstehenden Auslagen in angemessener Weise zu vergüten. Wo Transportmittel nicht benutzt werden können (Fußreisen), kommt eine zusätzliche Vergütung von 10 Pf. (früher 5 Pf.) für jedes Kilometer des Hin- und Rückweges in Ansatz.

Die Aufwandentschädigung ist gegen früher erhöht worden und beträgt jetzt im Höchstfalle 7,50 Mk. für jeden vollen Tag, wenn keine Übernachtung stattgefunden hat. Für jede Übernachtung werden außerdem im Höchstfalle 4,50 Mk. vergütet.

Es sei hier auf das früher zu § 4 Gesagte (S. 16) verwiesen, wonach bei Zubilligung des „üblichen Preises", z. B. auf Grund der GebO. d. Arch. u. Ing. (Ziff. 26), neben der Zeitvergütung (Ziff. 25) und den Kosten der Fahrkarte Tagesspesen von 30 Mk. zu zahlen sind[1]). Die auf S. 16 angeführte Entscheidung des OLG. Hamburg billigt diese höhere Aufwandentschädigung ausdrücklich zu.

§ 12a.

Dieser neu eingefügte Paragraph lautet:

„Notwendige bare Auslagen soweit sie nicht den durch den Aufenthalt außerhalb der Wohnung verursachten Aufwand betreffen, können dem Zeugen oder Sachverständigen nach billigem Ermessen erstattet werden. Dies gilt namentlich von den Kosten für eine notwendige Vertretung."

Unter baren Auslagen sind hier nach Wegner alle diejenigen zu verstehen, die nicht unter § 3, Abs. 3, fallen (vgl. S. 7), also im wesentlichen die Kosten für einen etwa notwendigen Stellvertreter, ferner solche für Beschaffung eines ärztlichen Zeugnisses zum Nachweis der Behinderung sowie Gebühren für Telegramme und Ferngespräche zwecks Terminsverlegung.

§ 13.

„Soweit für gewisse Arten von Sachverständigen besondere Taxvorschriften bestehen, welche an dem Orte des Gerichts, vor welches die Ladung erfolgt, und an dem Aufenthaltsorte des Sachverständigen gelten, kommen lediglich diese Vorschriften in Anwendung."

Sehr oft begegnet man bei Kollegen der irrigen Auffassung, daß zu den hier erwähnten „besonderen Taxvorschriften", welche durch die GebO. anerkannt werden, auch die von privaten Vereinen aufgestellten Gebührenordnungen gehören. Als besondere Taxvorschriften[2]) sind aber nach Wegner nur solche obrigkeitlicher Natur zu verstehen, wie z. B. in Preußen die gesetzlich geregelten Gebühren der Medizinalbeamten, der Kreistierärzte, des Kgl. Materialprüfungsamtes und der Sachverständigenkammern[3]) für Werke der Literatur der Tonkunst und der bildenden Künste.

---

1) Wortlaut vgl. Seite 11.

2) Vgl. „Das Sachverständigenwesen" Seite 11, 14, 55, 57, 60, 63, 65, 67.

3) Vgl. „Das Sachverständigenwesen" Seite 9, 62, 65. Die Gebühren für Gutachten sind auf 30 bis 300 Mk. festgesetzt.

§ 14.

Dieser Paragraph regelt die Tagegelder und Reisekosten für öffentliche Beamte als Zeugen oder Sachverständige nach Maßgabe der für Dienstreisen geltenden Vorschriften[1]).

§ 15.

Dieser Paragraph bestimmt, daß bei im allgemeinen beeidigten Sachverständigen die Gebühren für die bei bestimmten Gerichten vorkommenden Geschäfte durch Übereinkommen festgesetzt werden. Er wird wohl nur vereinzelt, und zwar da zur Anwendung kommen, wo bei häufiger Zuziehung eines und desselben Sachverständigen durch ein Gericht besondere Verhältnisse vorliegen, die eine feste Vereinbarung innerhalb der durch die §§ 3 und 4 gegebenen Grenzen als im beiderseitigen Interesse liegend erscheinen lassen.

§ 16.

Gebühren werden den Sachverständigen nur auf Verlangen gewährt. Der Anspruch erlischt, wenn das Verlangen nicht binnen 3 Monaten nach Beendigung der Zuziehung oder nach Abgabe des Gutachtens bei dem zuständigen Gericht angebracht wird.

Da der Sachverständige bei Abgabe eines Gutachtens nicht immer bestimmt weiß, ob seine Zuziehung damit beendet ist oder nicht, so empfiehlt es sich, die Gebührenrechnung stets sofort einzureichen, um sich nicht der Gefahr auszusetzen, daß die gesetzliche Frist verstreicht.

Die Form der Gebührenrechnungen wird sich danach zu richten haben, ob es sich um pauschale Gebühren oder um Berechnung nach Stunden handelt. Das Nähere ergibt sich ohne weiteres aus den Erläuterungen zu den §§ 3 bis 4a. Während es bei kleinen Stundenzahlen genügt, die Gesamtzahl anzugeben, ist bei großen Stundenzahlen eine Spezifikation zweckmäßig und

---

[1]) Diese Vorschriften sind in dem erwähnten Kommentar von Wegner vollinhaltlich abgedruckt; die Tagegelder und Fahrkosten für die verschiedenen Beamtenklassen und Dienstgrade sind dort in tabellarischer Form übersichtlich zusammengestellt. Ebenso sei hierzu verwiesen auf „Das Reisekostengesetz der Staatsbeamten in tabellarischer und graphischer Darstellung" von C. Winkel, Selbstverlag, Frankfurt a. O. 1914.

und wird auch meist verlangt. Von dem eigentlichen Honorar zu trennen sind die Vergütungen für bare Auslagen aller Art, Reisekosten, Aufwandentschädigungen, Vertreterkosten usw. Derartige Posten werden am besten einzeln aufgeführt.

Von den Gebührenrechnungen werden seitens der Gerichte meist zwei Ausfertigungen verlangt, von denen eine bei den Prozeßakten verbleibt, während die zweite für die Akten der Gerichtskassen gebraucht wird.

Erwähnt sei, daß es auch Vordrucke für Gebührenrechnungen gibt; solche sind z. B. bei Alb. Behrend Nachf., Berlin S. 61, Gneisenaustr. 67, zum Preise von 5 Mk. für 100 Stck. zu haben; ähnliche Formulare sind auch bei Hans Müncheberg, Berlin N.W. 52, Alt Moabit 19, vorrätig (Preis 3,50 Mk. für 100 Stck.). Derartige Vordrucke, von denen einer in der Anlage (Muster 1) verkleinert wiedergegeben ist, eignen sich indessen nur für kleine Rechnungen bei ganz einfachen Gutachten. Zweckmäßiger, weil für alle Fälle brauchbar, ist ein Formular nach Muster 2 in Folioformat.

§ 17.

Wichtig ist endlich auch dieser Paragraph, welcher die Festsetzung der Sachverständigengebühren in die Hände des Richters oder des Gerichtes legt, vor dem die Verhandlung stattfindet. Die Landesjustizverwaltung kann den Beamten bestimmen, welcher die Festsetzung vorzunehmen hat, und zwar kann sie hiermit auch den Gerichtsschreiber betrauen. Näheres hierüber bestimmt die Verfügung des preußischen Justizministers vom 14. Sept. 1914[1]) auf Grund des § 111, Abs. 3 der abgeänderten Etatsvorschriften. Dieser Absatz lautet:

> „Bare Auslagen für Rechnung des Fonds Kap. 77 werden von dem Richter (Vorsitzenden), Staatsanwalt oder etatmäßigen Amtsanwalt, durch dessen Amtshandlung oder Anordnung die Ausgaben veranlaßt sind, zur Zahlung angewiesen. Für die Anweisung zur Zahlung von Zeugen- und Sachverständigengebühren ist, wenn nicht eine gerichtliche Festsetzung (§ 17 der GebO. f. Z. u. S.) stattzufinden hat, neben den vorbezeichneten Beamten der Gerichtsschreiber (Sekretär) zuständig, dem die Feststellung der Beträge obliegt, sofern er nicht mit der Auszahlung der Gebühren befaßt ist, und sofern es sich nicht um eine auf Grund des

[1]) JustMinBl. 1914, S. 710. „Das Sachverständigenwesen", S. 43.

Muster 1.

Aktenzeichen .... Ausg.-Verz. ....

Gebührenrechnung

über Vergütungen, Entschädigungen und Auslagen des Sachverständigen
.... zu Berlin, (Postamt) .... -Str. Nr. ....
in der .... Sache .... gegen ....
wegen ....

Gemäß Gebührenordnung i. d. Fass. vom 10. Juni 1914.

	am		Std.	Mk.	Pf.
1.	....	Information aus der Ladung über die .... Akten	....	....	....
2.	....	Benachrichtigung der Parteien über Ortstermine	....	....	....
3.	....	Schriftwechsel mit	....	....	....
4.	....	Portoauslagen zu 2 und 3	....	....	....
5.	....	Wahrnehmung des Ortstermins .... am Ort .... Std. .... am Ort .... Std.			
6.	....	Fahrgelder und Aufwand zu 5 . . .	....	....	....
7.	....	Ausarbeitung des Gutachtens, Berichtes rc. einschl. der Ermittelungen und Berechnungen	....	....	....
Tag	/	/ | / | / | / | / | / | /			
Std.					
Tag	/	/ | / | / | / | / | / | /			
Std.					
8.	....	Abschriften zu 2, 3 und 7 .... Seiten à .... ₰	....	....	....
9.	....	Akteneingang und Rückgabe einschl. Porto und Boten	....	....	....
10.	....	Auslagen	....	....	....
11.	....	Wahrnehmung des Gerichtstermins und Vorbereitung .... Termindauer von .... bis .... von .... bis	....	....	....
12.	....	Fahrgelder zu 11	....	....	....

Berlin, den .... ten .... 191....

Name .... Erwerb ....

Form. Nr.

Verlag: Albert Behrendt Nachf.
Berlin S. 61, Gneisenaustr. 67.

Muster 2.

Kurt Perlewitz
Beratender Ingenieur und beeidigter Sachverständiger für Elektrotechnik für das Kammergericht und die Gerichte im Bezirk der Landgerichte I, II, III Berlin.

Berlin-Friedenau, den .... 191...
Canova-Str. 4.

Ausfertigung-Nr. ....

Gebührenrechnung

Aktenzeichen: in Sachen: ....

.... Nr. ..../ ....

Pos.	Datum		Gegenstand	Stunden	ℳ	₰
				Summe		

Ich versichere die Richtigkeit der oben gemachten Angaben und hinsichtlich meiner Erwerbsverhältnisse (§ 3 der GebO. f. Z. u. S.), daß nach dem Durchschnitt der letzten drei Jahre meine tägliche Einnahme aus Berufstätigkeit .... ℳ beträgt.

§ 4 der GebO. f. Z. u. S. gewährte Vergütung handelt. Die Anweisung durch den Gerichtsschreiber erfolgt auf Grund einer Bescheinigung des in Satz 1 bezeichneten Beamten, daß der Zeuge oder Sachverständige bestimmungsgemäß zu entschädigen ist; in der Bescheinigung ist, falls eine erhöhte Vergütung gemäß § 3, Abs. 1, Satz 2, a. a. O. gewährt werden soll, deren Stundenbetrag nach Mark zu bezeichnen (z. B. zu Nr. .... Stundenbetrag ...... Mark)."

Der § 17 enthält ferner die Mittel und Wege der Berichtigung einer Gebührenfestsetzung. Eine Berichtigung kann auf Antrag des Sachverständigen oder auch von Amts wegen erfolgen, im letzteren Falle auch dann, wenn die Beträge nicht der Staatskasse zur Last fallen, wenn es vielmehr gilt, das Interesse der ersatzpflichtigen Partei zu wahren.

Zuständig für derartige Berichtigungen ist das Gericht oder der Richter, vor dem die Verhandlung stattgefunden hat.

Gegen die richterliche Entscheidung findet Beschwerde nach den §§ 567/575 der ZPO.[1]) und der §§ 346/352 der StPO.[2]) statt.

Danach ist die Beschwerde zulässig, wenn die Gebührenfestsetzung durch ein Amts- oder Landgericht erfolgte, nicht aber, wenn sie durch ein Oberlandesgericht erfolgte. Gegen Beschwerdeentscheidungen eines Landgerichtes ist eine weitere Beschwerde beim Oberlandesgericht nur dann zulässig, wenn ein neuer, selbständiger Beschwerdegrund vorliegt und die Beschwerdesumme 50 Mk. übersteigt. Beschwerdeentscheidungen der Oberlandesgerichte und selbstverständlich auch Gebührenfestsetzungen des Reichsgerichts sind endgültige.

Hinsichtlich der Beschwerde sei auch auf § 44 Abs. 2 der etatsrechtlichen Vorschriften für die Justizverwaltung in der Fassung der allgemeinen Verfügung des Justizministers vom 14. Sept. 1914[3]) verwiesen. § 44 Abs. 2 lautet:

„Werden von Zeugen oder Sachverständigen, die Entschädigung nach der GebO. f. Z. u. S. zu beanspruchen haben, oder von der Staatskasse gegen den Ansatz dieser Gebühren Einwendungen erhoben, so gilt die gerichtliche Festsetzung gemäß § 17 der GebO. f. Z. u. S. als beantragt."

---

[1]) Vgl. „Das Sachverständigenwesen", S. 1.
[2]) Vgl. „Das Sachverständigenwesen", S. 6.
[3]) JustMinBl. 1914, S. 710. „Das Sachverständigenwesen", S. 43.

Anhang.

1. Gebührenordnung für Zeugen und Sachverständige.

Reichsgesetz vom 30. Juni 1878 und 20. Mai 1898. In der Fassung des Gesetzes vom 10. Juni 1914 (RGBl. 1898, S. 689 u. 1914 S. 214). Gültig seit 1. Oktober 1914.

§ 1. In den vor die ordentlichen Gerichte gehörigen Rechtssachen, auf welche die Zivilprozeßordnung, die Strafprozeßordnung oder die Konkursordnung Anwendung findet, erhalten Zeugen und Sachverständige Gebühren nach Maßgabe der folgenden Bestimmungen.

§ 2. Der Zeuge erhält eine Entschädigung für die erforderliche Zeitversäumnis im Betrage von zwanzig Pfennig bis zu einer Mark fünfzig Pfennig auf jede angefangene Stunde.

Die Entschädigung ist unter Berücksichtigung des von den Zeugen versäumten Erwerbes zu bemessen und für jeden Tag auf nicht mehr als zehn Stunden zu gewähren. Ob eine Erwerbsversäumnis stattgefunden hat, ist nach freiem Ermessen unter Berücksichtigung der Lebensverhältnisse und der regelmäßigen Erwerbstätigkeit des Zeugen zu beurteilen.

Personen, welche durch einfache Handarbeit, Handwerksarbeit oder geringeren Gewerbebetrieb ihren Unterhalt suchen, oder sich in gleichen Verhältnissen mit solchen Personen befinden, erhalten die nach dem geringsten Satze zu bemessende Entschädigung auch dann, wenn die Versäumnis eines Erwerbes nicht stattgefunden hat.

§ 3. Der Sachverständige erhält für seine Leistungen eine Vergütung nach Maßgabe der erforderlichen Zeitversäumnis im Betrage bis zu drei Mark für jede angefangene Stunde.

Ist die Leistung besonders schwierig, so darf der Betrag bis zu sechs Mark für jede angefangene Stunde erhöht werden.

Die Vergütung ist unter Berücksichtigung der Erwerbsverhältnisse des Sachverständigen zu bemessen.

Außerdem sind dem Sachverständigen die auf die Vorbereitung des Gutachtens verwendeten Kosten, sowie die für eine Untersuchung verbrauchten Stoffe und Werkzeuge zu vergüten.

§ 4. Besteht für die aufgetragene Leistung ein üblicher Preis, so ist dem Sachverständigen auf Verlangen dieser und für die außerdem stattfindende Teilnahme an Terminen die im § 3, Abs. 1, Satz 1, und Abs. 2 geregelte Vergütung zu gewähren.

Beschränkt sich die Tätigkeit des Sachverständigen auf die Teilnahme an Terminen, so erhält er lediglich die im § 3 bestimmte Vergütung.

§ 4a. Haben in bürgerlichen Rechtsstreitigkeiten die Parteien sich dem Gericht gegenüber mit einer bestimmten Vergütung für die Leistung des Sachverständigen einverstanden erklärt, so ist diese Vergütung zu gewähren, sofern ein zu ihrer Deckung ausreichender Betrag an die Staatskasse gezahlt ist.

§ 5. Als versäumt gilt für den Zeugen oder Sachverständigen auch die Zeit, während welcher er seine gewöhnliche Beschäftigung nicht wieder aufnehmen kann.

§ 6. Mußte der Zeuge oder Sachverständige außerhalb seines Aufenthaltsortes einen Weg bis zur Entfernung von mehr als 2 km zurücklegen, so ist ihm außer den nach §§ 2/5 zu bestimmenden Beträgen eine Entschädigung für die Reise und für den durch die Abwesenheit von dem Aufenthaltsorte verursachten Aufwand nach Maßgabe der folgenden Bestimmungen zu gewähren.

§ 7. Soweit nach den persönlichen Verhältnissen des Zeugen oder Sachverständigen oder nach äußeren Umständen die Benutzung von Transportmitteln für angemessen zu erachten ist, sind als Reiseentschädigung die nach billigem Ermessen in dem einzelnen Falle erforderlichen Kosten zu gewähren. In anderen Fällen beträgt die Reiseentschädigung für jedes angefangene Kilometer des Hinweges und des Rückweges zehn Pfennig.

§ 8. Die Entschädigung für den durch Abwesenheit von dem Aufenthaltsorte verursachten Aufwand ist nach den persönlichen Verhältnissen des Zeugen oder Sachverständigen zu bemessen, soll jedoch den Betrag von sieben und einer halben Mark für jeden Tag, an welchem der Zeuge oder Sachverständige abwesend gewesen ist, und von vier und einer halben Mark für jedes außerhalb genommene Nachtquartier nicht überschreiten.

§ 9. Mußte der Zeuge oder Sachverständige innerhalb seines Aufenthaltsortes einen Weg bis zu einer Entfernung von mehr als zwei Kilometer zurücklegen, so ist ihm für den ganzen zurückgelegten Weg eine Reiseentschädigung nach den Vorschriften des § 7 zu gewähren.

§ 10. Konnte der Zeuge oder Sachverständige den erforderlichen Weg ohne Benutzung von Transportmitteln nicht zurücklegen, so sind die nach billigem Ermessen erforderlichen Kosten auch außer den in den §§ 6, 9 bestimmten Fällen zu gewähren.

§ 11. Abgaben für die erforderliche Benutzung eines Weges sind in jedem Falle zu erstatten.

§ 12. Bedarf der Zeuge wegen jugendlichen Alters oder wegen Gebrechen eines Begleiters, so sind die Entschädigungen für beide zu gewähren.

§ 12a. Notwendige bare Auslagen, soweit sie nicht den durch den Aufenthalt außerhalb der Wohnung verursachten Aufwand betreffen, können dem Zeugen oder Sachverständigen nach billigem Ermessen erstattet werden. Dies gilt namentlich von den Kosten für eine notwendige Vertretung.

§ 13. Soweit für gewisse Arten von Sachverständigen besondere Taxvorschriften bestehen, welche an dem Orte des Gerichts, vor welches die Ladung erfolgt, und an dem Aufenthaltsorte des Sachverständigen gelten, kommen lediglich diese Vorschriften in Anwendung. Gelten solche Taxvorschriften nur an einem dieser Orte, oder gelten an demselben verschiedene Taxvorschriften, so kann der Sachverständige die Anwendung der ihm günstigeren Bestimmungen verlangen.

In den Fällen des Abs. 1 kann der Sachverständige, wenn er nicht öffentlicher Beamter ist, an Stelle der Gesamtvergütung nach den Taxvorschriften die Berechnung der Gesamtvergütung nach den Vorschriften dieses Gesetzes beanspruchen.

Dolmetscher erhalten Entschädigung als Sachverständige nach den Vorschriften dieses Gesetzes, sofern nicht ihre Leistungen zu den Pflichten eines von ihnen versehenen Amtes gehören.

§ 14. Öffentliche Beamte erhalten Tagegelder und Reisekosten nach Maßgabe der für Dienstreisen geltenden Vorschriften, falls sie zugezogen werden:

1. als Zeuge über Umstände, von denen sie in Ausübung ihres Amtes Kenntnis erhalten haben;
2. als Sachverständige, wenn sie aus Veranlassung ihres

Amtes zugezogen werden und die Ausübung der Wissenschaft, der Kunst oder des Gewerbes, deren Kenntnis Voraussetzung der Begutachtung ist, zu den Pflichten des von ihnen versehenen Amtes gehört.

Soweit allgemeine Vorschriften für Dienstreisen nicht erlassen sind, kann die oberste Verwaltungsbehörde über die Gewährung der den öffentlichen Beamten in den Fällen des Abs. 1 den Gerichten gegenüber zustehenden Tagegelder und Reisekosten besondere Vorschriften erlassen.

Werden nach den Vorschriften dieses Paragraphen Tagegelder und Reisekosten gewährt, so findet eine weitere Vergütung an den Zeugen oder Sachverständigen nicht statt.

Die vorstehenden Bestimmungen finden auf Personen des Soldatenstandes entsprechende Anwendung.

Auf Beamte der Gemeinden (Gemeindeverbände) finden die allgemeinen Vorschriften für Dienstreisen insoweit keine Anwendung, als die oberste Verwaltungsbehörde Bestimmungen über die Höhe der ihnen den Gerichten gegenüber zustehenden Tagegelder und Reisekosten erlassen hat.

Die oberste Verwaltungsbehörde kann die ihr durch Abs. 2 und Abs. 5 gegebene Befugnis zum Erlasse der bezeichneten Bestimmungen auf andere Behörden übertragen.

§ 15. Ist ein Sachverständiger für die Erstattung von Gutachten im allgemeinen beeidigt, so können die Gebühren für die bei bestimmten Gerichten vorkommenden Geschäfte durch Übereinkommen bestimmt werden.

§ 16. Die Gebühren der Zeugen und Sachverständigen werden nur auf Verlangen derselben gewährt. Der Anspruch erlischt, wenn das Verlangen binnen drei Monaten nach Beendigung der Zuziehung oder Abgabe des Gutachtens bei dem zuständigen Gerichte nicht angebracht wird.

§ 17. Die einem Zeugen oder Sachverständigen zu gewährenden Beträge werden durch gerichtlichen Beschluß festgesetzt, wenn der Zeuge oder Sachverständige oder die Staatskasse eine richterliche Festsetzung beantragt, oder das Gericht sie für angemessen hält. Der Ansatz kann von Amts wegen berichtigt werden, wenn die Beträge aus der Staatskasse gezahlt und dieser nicht erstattet sind. Für die Festsetzung und die Berichtigung ist das Gericht oder der Richter zuständig, vor welchem die Verhandlung stattgefunden hat, und für die Berichtigung auch das Gericht der höheren Instanz.

Gegen die richterliche Entscheidung findet Beschwerde nach Maßgabe des § 567, Abs. 2, §§ 568/575 der Zivilprozeßordnung sowie des § 4, Abs. 3 des Gerichtskostengesetzes, in Strafsachen nach Maßgabe der §§ 346/352 der Strafprozeßordnung statt.

2. Allgemeine Verfügung des preuß. Justizministers vom 24. November 1915 über die Berechnung der Gebühren der Sachverständigen.

(JustMinBl. 1915 S. 275.)

Zur Herbeiführung eines einheitlichen Verfahrens bei Berechnung der den Sachverständigen nach der Gebührenordnung für Zeugen und Sachverständige zu gewährenden Vergütungen bestimme ich folgendes:

1. Gemäß § 3 Abs. 3 der Gebührenordnung sind dem Sachverständigen auch die zur Vorbereitung des Gutachtens aufgewendeten Auslagen für Hilfskräfte zu vergüten. Bei Bemessung dieser Vergütung kann der übliche Betrag derartiger Unkosten zugrunde gelegt werden. Wenn die Angaben des Sachverständigen über die Höhe des von ihm aufgewendeten Betrages glaubhaft erscheinen, ist von Beibringung einer Bescheinigung über die Auszahlung an die Hilfspersonen abzusehen.

2. Durch den unter den Voraussetzungen des § 4 der Gebührenordnung zu gewährenden üblichen Preis soll der Sachverständige die gleiche Vergütung erhalten, die er für seine Leistung außerhalb eines gerichtlichen Verfahrens im freien Verkehre beanspruchen könnte. Einer Berechnung der auf die Leistung verwendeten Zeit bedarf es dann nicht, wenn die Höhe des üblichen Preises von der auf die Leistung verwendeten Zeit nicht abhängt.

3. Liegen die Voraussetzungen des § 4a der Gebührenordnung vor, so ist eine ins einzelne gehende Berechnung der beanspruchten Gebühr, insbesondere eine Angabe über die auf die Leistung verwendete Zeit nicht erforderlich.

Berlin, den 24. November 1915.

Der Justizminister.
Dr. Beseler.

Sachverzeichnis.

GPSR Compliance

The European Union's (EU) General Product Safety Regulation (GPSR) is a set of rules that requires consumer products to be safe and our obligations to ensure this.

If you have any concerns about our products, you can contact us on ProductSafety@springernature.com

In case Publisher is established outside the EU, the EU authorized representative is:

Springer Nature Customer Service Center GmbH
Europaplatz 3
69115 Heidelberg, Germany

Batch number: 10844623

Printed by Printforce, the Netherlands